UNE

DONATION IMMOBILIÈRE NON TRANSCRITE

EST-ELLE OPPOSABLE

AUX HÉRITIERS DU DONATEUR?

PAR

Marcel PLANIOL

DOCTEUR EN DROIT, AVOCAT A LA COUR DE PARIS.

Extrait de la REVUE CRITIQUE DE LÉGISLATION ET DE JURISPRUDENCE.

PARIS

A. COTILLON ET Cᵉ, IMPRIMEURS-ÉDITEURS,

Libraires du Conseil d'Etat,

24, RUE SOUFFLOT, 24.

1880

UNE DONATION IMMOBILIÈRE NON TRANSCRITE

EST-ELLE OPPOSABLE

AUX HÉRITIERS DU DONATEUR?

UNE

DONATION IMMOBILIÈRE NON TRANSCRITE

EST-ELLE OPPOSABLE

AUX HÉRITIERS DU DONATEUR?

PAR

Marcel PLANIOL

DOCTEUR EN DROIT, AVOCAT A LA COUR DE PARIS.

Extrait de la Revue critique de Législation et de Jurisprudence.

PARIS

A. COTILLON ET Cᵉ, IMPRIMEURS-ÉDITEURS,

Libraires du Conseil d'Etat,

24, RUE SOUFFLOT, 24.

1880

UNE DONATION IMMOBILIÈRE NON TRANSCRITE

EST-ELLE OPPOSABLE

AUX HÉRITIERS DU DONATEUR?

Lorsqu'une donation de biens immobiliers susceptibles d'hypothèque n'a pas été transcrite, les héritiers du donateur peuvent-ils opposer le défaut de transcription ?

Non, dit une opinion qui a aujourd'hui pour elle une doctrine presque unanime et une jurisprudence constante. Qu'importe que la loi ne l'ait pas dit expressément ? Les héritiers succèdent à toutes les obligations de leur auteur : la donation, que le défunt devait tenir pour valable, quoique non transcrite, doit être également respectée par eux. Il est vrai que dans l'ancien droit le défaut d'insinuation leur permettait de méconnaître la donation. Mais l'insinuation n'a pas été admise par le Code, et c'est uniquement de transcription qu'il est question dans les articles 939 et suivants. C'est un fragment de la loi du 11 brumaire an VII que le législateur moderne a conservé ici, et c'est d'après cette loi qu'il convient d'interpréter ses dispositions. Donc d'après le Code civil, comme d'après la loi de brumaire, la donation, même non transcrite, est régulière et parfaite entre les héritiers des parties aussi bien qu'entre les parties elles-mêmes.

On considère volontiers le débat comme terminé. Je voudrais le rouvrir. Si je n'y apporte quelques considérations nouvelles, je ferai du moins connaître au public un élément de la question ignoré jusqu'à ce jour. Les passages des travaux préparatoires que je rapporterai à la fin de cet article, et dont le rapprochement jettera, je l'espère, sur cette question une clarté inattendue, semblent avoir échappé jusqu'ici aux recherches des interprètes. On le comprendra aisément quand on verra que le fragment principal ne contient que deux lignes perdues dans une série d'observations du Tribunat sur le titre des donations entre-vifs et des testaments.

I. La loi qui permettrait aux héritiers d'attaquer les donations non transcrites serait-elle une loi équitable ? Je le pense sans hésiter. C'est par une sorte de déni de justice qu'on leur enlève cette protection. L'héritier du donateur n'est pas le donateur luimême. Fût-il héritier légitime et continuateur du défunt, sa propre personnalité n'est pas anéantie et absorbée dans sa qualité nouvelle. On peut dire qu'il réunit en lui deux personnes. Héritier du donateur, il reste en même temps lui-même, et c'est assez pour lui reconnaître quelques droits particuliers qui n'ont jamais appartenu à son auteur et qui n'auront d'autre but que de le protéger contre les actes du défunt. En toute autre matière on se montre généreux envers lui. Songez au bénéfice d'inventaire et à la réserve. Aux dettes héréditaires qu'il va accepter pour siennes, on lui permet de faire subir une réduction qui n'a d'autre limite que son propre intérêt. S'il est parent en ligne directe, sa réserve lui donne sur le patrimoine qu'il recueille un droit rétroactif et supérieur à toute atteinte, qui équivaut presque à une propriété anticipée.

Qui ne voit qu'il y a ici des raisons tout aussi fortes pour maintenir au profit de l'héritier une protection spéciale? L'acceptation des successions, déjà si périlleuse, deviendrait un véritable piége, où l'héritier s'enfermerait sans ressource, si les donations qu'il ignore lui étaient opposables sans publicité. Qu'il ne soit pas admis à attaquer les aliénations onéreuses non transcrites, cela se comprend; elles lui rendent sous une autre forme l'équivalent du droit qu'il perd. Mais une donation fait le vide dans un patrimoine. Et l'ignorance où il se trouve au sujet des libéralités est d'autant plus probable et d'autant plus à craindre que le défunt a pu avoir en les faisant plus de motifs de les tenir secrètes. Hors quelques cas où elles sont l'accomplissement d'un devoir qu'on aime d'ordinaire à remplir au grand jour, les donations demeurent clandestines. Sans raison qui les légitime, sans prétexte pour se faire excuser, leur seule ressource est de se laisser ignorer. Si les parties cherchent tant à se cacher, que d'impérieuses raisons le législateur n'a-t-il pas pour les contraindre à l'aveu de leur conduite ! Et dans quel intérêt prendra-t-il ces précautions, si ce n'est principalement celui de la famille ? Ce n'est pas contre les créanciers que la fraude a été dirigée : contre eux une donation serait un titre trop fragile. C'est la famille, ce sont les héritiers que l'on trompe et que l'on dépouille. Et c'est précisément à eux, et à eux seuls, que l'on refuse une action ouverte à toute personne intéressée, même à un simple créancier chirographaire ! Par quel autre moyen pourraient-ils se défendre ? Le bénéfice d'inventaire serait pour eux une arme insuffisante : il n'y aurait aucune correspondance, aucun rapport entre la protection accordée et le danger à prévenir. Ce n'est pas contre un créancier qu'ils ont besoin d'être ici protégés : c'est un propriétaire qui se révèle. La succession fût-elle solvable, l'héritier peut se trouver engagé à découvert envers le donataire par des actes de disposition sur une chose qu'il croyait sienne. Faudra-t-il qu'il attende indéfiniment sans user de ses droits, dans la crainte de donations occultes ? Voyez combien ce serait rendre la loi inconséquente et boîteuse. S'agit-il de la découverte d'un testament contenant des legs imprévus : comme on n'a rien à reprocher aux légataires, on ne peut rendre ces dispositions caduques ; mais on permet à l'héritier de se faire restituer. S'agit-il de donations : on le laisse désarmé. Et pourtant la mesure toujours grave d'une restitution ne serait pas nécessaire ; le donataire est en faute de n'avoir pas fait transcrire une donation qu'à ses risques et périls il a voulu tenir secrète. S'il n'a pas fait tomber tous les soupçons en rendant publique la libéralité qu'il a reçue, quel respect peut-on garder pour un profit dont il n'ose pas avouer la source ? La publicité des donations est une grande mesure d'honnêteté et de moralité publiques. C'est ainsi qu'elle a toujours été considérée dans notre ancien droit et dans le droit romain. « Si l'on a assujetti les libéralités à l'insinuation, dit Pothier, c'est afin que ceux qui contracteraient par la suite avec le donateur, ou qui accepteraient sa succession, qu'ils croiraient opulente, ne fussent pas induits en erreur par l'ignorance où ils seraient de ces donations » (*Traité des donations entre-vifs*, n° 85). S'est-il jamais élevé un doute contre ces motifs? C'est le langage du bon sens et de l'équité.

II. J'essaierai tout à l'heure d'établir, par les citations que j'ai annoncées, que le Code n'a pas abandonné ces traditions. Mais auparavant je crois utile de reconstituer la filiation historique de l'article 941 au moyen de documents déjà connus.

On sait que l'insinuation, empruntée au droit romain par l'Ordonnance de Villers-Cotterets, avait été introduite en France avec les mêmes caractères. Elle était exigée, sauf quelques exceptions, pour toutes les donations tant mobilières qu'immobilières, et son omission entraînait nullité de la donation, même entre les parties. L'Ordonnance de Moulins enleva au donateur, mais au donateur seul, le droit de se prévaloir du défaut d'insinuation. Cet état de choses fut conservé par l'Ordonnance de 1731.

Vint la loi du 11 brumaire an VII, qui soumit à la transcription tous les actes translatifs de propriété immobilière, à titre onéreux ou à titre gratuit, mais à défaut de cette formalité n'ouvrit l'action en nullité qu'aux tiers qui, ayant contracté avec l'aliénateur, avaient eux-mêmes transcrit leur contrat d'acquisition (article 26).

L'insinuation des donations n'était pas supprimée; elle fut même maintenue expressément par l'article 72 de la loi du 22 frimaire an VII. Ces deux formalités devaient donc être remplies l'une et l'autre pour les donations de biens immeubles susceptibles d'hypothèque. Il en résultait un surcroît de charges et doubles frais pour les parties. Aussi vit-on dans un grand nombre de départements l'insinuation cesser d'être pratiquée et son usage se restreindre à certaines contrées où les agents de la régie la maintinrent pour conserver à l'État le droit fiscal qui y était attaché. Cette pratique irrégulière, qui rendait une réforme urgente, attira l'attention des rédacteurs du Code.

Tous étaient d'accord sur la nécessité de rendre les donations publiques. Les motifs étaient connus; aucune objection ne fut formulée. D'autre part, on pressentait que le système de publicité inauguré d'une façon générale par la loi de brumaire serait probablement abandonné, ou du moins ne passerait qu'après de vives controverses. Par conséquent « le point important était de ne rien préjuger sur le système hypothécaire. » Cette disposition des esprits se révèle à chaque ligne dans la discussion qui s'engagea au Conseil d'État sur l'article 939 (Fenet, XII, p. 359. — Merlin, *Rép.*, v° DONAT., sect. VI, § III.). Il semble dès lors que l'insinuation, formalité étrangère aux aliénations à titre onéreux, eût dû obtenir la préférence. En sa faveur, Tronchet fit observer que par son étendue elle protégeait les héritiers du donateur bien mieux que la transcription, puisqu'elle s'appliquait à des donations pour lesquelles la transcription n'était pas nécessaire, comme les donations mobilières ou celles de biens à venir autorisées dans les contrats de mariage. Ces observations avaient déjà été présentées à la section de législation, mais la majorité ne s'y était point rendue, « parce que pour quelques espèces de donations qui sont toujours très-rares, il ne fallait point soumettre le plus grand nombre de ces sortes d'actes à une formalité embarrassante et inutile. » (*Ibid.*)

Cette observation et cette réponse montrent assez qu'aux yeux des rédacteurs du Code, ces deux formalités pouvaient fonctionner l'une pour l'autre et que, par la transcription ou par l'insinuation, les héritiers du donateur n'en seraient pas moins protégés. L'inégalité dans l'étendue de leur application semblait la seule différence entre elles, différence négligeable, ne se produisant que dans des cas fort rares ; et, par suite, la transcription devait seule être conservée, si l'on avait d'ailleurs quelques raisons de la choisir.

Ces raisons se retrouvent à chaque page dans les travaux préparatoires. On y voit par les paroles qui y furent échangées et par l'abandon où l'insinuation était tombée dans une partie de la France, que ses formes étaient peu populaires. « Elle assurait mal la publicité des donations, parce que ses registres étaient très-obscurs ». (Treilhard, *loc. citat.*) Pour lever les doutes qu'avaient fait naître ses détails complexes, « des lois interprétatives avaient été nécessaires, et une simple formalité d'enregistrement était devenue la matière d'un recueil volumineux de lois compliquées. » (Bigot-Préameneu, Fenet, XII, p. 547).

Il ressort jusqu'à l'évidence de la discussion que je viens de résumer que le débat n'a porté que sur une question de formes. On régularise la pratique qui se contentait de transcrire des donations qui auraient dû en outre être insinuées, mais dont le but évident était d'éviter des frais et non d'enlever à certaines personnes une action en nullité, de telle sorte que la transcription suppléant l'insinuation devait produire les mêmes effets. C'est cette simplification de formes que la loi s'est proposé de consacrer. Ce qui est condamné dans l'insinuation, c'est uniquement son organisation défectueuse. Les formes plus simples de la transcription lui sont préférées, mais il est sous-entendu qu'on n'engage en rien l'avenir et qu'on laisse intacte la question de la publicité pour toutes les aliénations immobilières. Peut-on dire plus clairement que ce n'est pas le système hypothécaire de l'an VII que l'on conserve ici pour partie, et que ce que nous avons aujourd'hui dans la loi, c'est l'ancienne insinuation transformée et s'opérant désormais sous un nom nouveau ?

Cette espèce de résurrection de l'insinuation se dégage d'elle-même quand on lit sans parti pris les travaux préparatoires du Code civil. Elle était si bien alors dans la pensée de tous, qu'aux premiers temps, quand les souvenirs de sa rédaction étaient frais encore dans toutes les mémoires, cette opinion ne rencontra ni incrédules ni contradicteurs. Malleville, dont l'avis a bien sur ce point quelque autorité, puisqu'il fut l'un des quatre membres de la commission chargée de la rédaction du Code, dit en propres termes : « Il faut bien remarquer que notre article parle des ayant-cause de ceux qui étaient obligés de faire transcrire et non des ayant-cause du donateur; car c'est au contraire en faveur de ces derniers ayant-cause que la nullité de ces donations est prononcée faute de transcription. » (II, p. 412). Nous verrons tout à l'heure combien ses souvenirs étaient précis.

Comment donc la jurisprudence a-t-elle pu se prononcer en sens contraire ? Une analyse rapide de ses décisions va nous montrer sur quelle base fragile elle repose. Le premier arrêt se borne à déclarer que les héritiers n'ont aucun intérêt à la nullité de la donation, motif évidemment erroné et qui d'ailleurs prouve bien que dans la pensée de la Cour un intérêt quelconque rendrait admissible la demande des héritiers (Toulouse, 29 mars 1808, Sir., 1808, II, 166). Le second s'écarte encore plus du sens nécessaire de la loi en admettant que le défaut de transcription ne peut jamais entraîner nullité, parce qu'elle n'est pas imposée au donataire, et est seulement indiquée comme une formalité préalable à la purge (Angers, 8 avril 1808, Sir., 8, II, 219). C'est un arrêt de la Cour de Toulouse, du 11 avril 1809, qui a fourni à la jurisprudence l'argument sur lequel elle s'est fondée : la transcription des donations serait purement et simplement celle de la loi de brumaire, « le Code n'en ayant changé ni la nature ni les effets. » (Sir., 13, II, 330).

En voulant retrouver dans nos articles la transcription hypothécaire véritable, exigée uniquement dans l'intérêt des tiers, la jurisprudence n'a pas pris garde qu'elle contrariait ouvertement l'esprit général du Code et l'une de ses décisions les plus remarquables. D'après le Code civil, la volonté des parties suffit à opérer, d'une façon absolue et à l'égard de toutes personnes, la transmission des droits réels immobiliers. L'innovation de la loi de brumaire est abandonnée. On s'en tient au système ancien et l'on rétablit en principe la clandestinité. Mais, comme l'ancien droit, pour des motifs spéciaux, on conserve pour les donations une publicité spéciale. De la transcription, on ne garde que la forme que l'on détourne de son but pour prêter une vie nouvelle à une institution vieillie.

Je résume toute mon argumentation dans le dilemme suivant. Si c'est la transcription de la loi de l'an VII dont nous retrouvons ici un débris, comment s'expliquer la formule dont se sert la loi en accordant le droit d'attaquer la donation non transcrite à toute personne intéressée? Est-ce là l'article 26 de la loi précitée d'après lequel ce droit n'appartient qu'aux tiers qui auraient contracté avec le vendeur et qui se seraient conformés aux dispositions de ladite loi ? Non, évidemment. Eh bien! il faut opter : ou vous entendrez l'article 941 de la même façon que la loi de brumaire, et en subordonnant alors à l'acquisition d'un droit réel la faculté de méconnaître la donation non transcrite, vous violerez l'article 941 qui l'accorde à toute personne ayant intérêt, c'est-à-dire même à un créancier chirographaire ; ou bien, et c'est ce que vous faites, vous l'accorderez à ces personnes, comme le texte vous y contraint, et par là vous ruinez votre système dans son principe, puisque cette conséquence est en contradiction ouverte avec la loi de brumaire et les règles de la transcription qu'elle a instituée.

III. Sur ce terrain, l'avantage ne saurait rester longtemps au système qui a triomphé. Il est contradictoire, et ne pourra subsister. Quelques auteurs l'ont déjà abandonné. Suivant eux, nous nous trouverions en présence d'une institution mixte, d'une formalité *sui generis*, qui ne serait ni la transcription ni l'insinuation anciennes, mais qui devrait s'interpréter uniquement d'après le Code, et, en particulier pour les effets du défaut de transcription, d'après l'article 941.

J'accepte volontiers le débat sous cette forme. Elle a l'avantage de ramener la difficulté à cette question précise : dans la pensée de la loi, les héritiers du donateur sont-ils sous-entendus à la fin de notre article ?

Il ne sert à rien de rappeler que l'une des règles les plus fondamentales du droit civil, c'est que l'héritier n'a pas plus de droits que son auteur. Il s'agit ici d'un droit qui lui appartiendrait en propre, et tout se réduit à l'interprétation de la volonté du législateur qui a pu, s'il l'a voulu, l'établir à son profit.

Tout d'abord si la loi, qui ne pèche pas d'ordinaire par trop de concision, avait voulu assimiler au donateur ses héritiers, il est probable qu'elle s'en serait expliquée, d'autant plus qu'elle avait dans la même ligne les mots ayant-cause qui devaient inévitablement l'y faire songer. En effet, la construction grammaticale de l'article 941 n'est-elle pas étrange ? Pourquoi ces trois mots si brefs « et le donateur » sont-ils rejetés à la fin ? Ne serait-ce pas à dessein que le législateur s'est exprimé ainsi ? S'il a donné à sa phrase cette tournure insolite et cette chute trop rapide, n'est-ce pas qu'il a voulu que les mots ayant-cause, qui comprennent à la fois les successeurs universels et les cessionnaires à titre particulier, ne pussent pas être appliqués au donateur, et que celui-ci fût seul à ne pouvoir opposer le défaut de transcription ?

On le nie. Ce n'est pas, dit-on, sur un argument *a contrario* qu'on pourrait fonder une pareille dérogation au droit commun.

Je pourrais répondre que l'article 941, par les termes généraux dont il se sert pour poser la règle, nous fournit un argument direct. Mais je crois avoir trouvé la preuve de cette intention du législateur dans les passages que voici, empruntés aux travaux préparatoires.

Le projet adopté dans la séance du Conseil d'État du 3 germinal an XI contenait un article 51 ainsi conçu : « Le défaut de transcription pourra être opposé par toute personne ayant intérêt, excepté toutefois le donateur et les personnes chargées de faire faire la transcription ou leurs ayant-cause. » (Fenet, XII, p. 423). Le mot ayant-cause venant ainsi terminer l'article se référait à la fois à tous ceux qui le précédaient et comprenait les héritiers et autres successeurs à titre universel ou particulier du donateur aussi bien que ceux des personnes chargées de faire faire la transcription. Mais par cette portée absolue, il faisait de l'article un non-sens, car il ne restait plus personne pour opposer le défaut de transcription : on exceptait de la règle tous ceux qu'elle aurait pu protéger. Telle n'avait pu être l'intention du Conseil d'État. Il est bien probable qu'en rédigeant cet article, il s'était reporté aux articles 27 et suivants de l'Ordonnance pour les résumer en un seul, et avait placé les trois exceptions introduites pour le donateur, les personnes chargées de faire faire la transcription et leurs ayant-cause, dans l'ordre où elles s'y trouvaient, sans prendre garde qu'en les rapprochant ainsi, il ajoutait involontairement au donateur tous ses ayant-cause. Je suis convaincu que, si l'on avait écrit l'article sans avoir sous les yeux un texte que l'on modifiait, on n'eût pas commis cette logomachie.

Ce fut le Tribunat qui s'aperçut du danger et le signala. Dans ses observations sur le projet qui lui était officieusement communiqué, il proposa de « dire à la fin : où les ayant-cause de celles-ci, afin que ces mots ne puissent se rapporter au donateur. » (Locré, t. XI, p. 315. — Fenet [1], XII, p. 452).

---

[1] Le texte de Fenet porte : afin que ces mots puissent se rapporter au

L'attention du législateur ayant été ainsi appelée spécialement sur ce point, s'il avait voulu, en replaçant sous l'empire de la règle qui permet d'attaquer la donation les ayant-cause particuliers du donateur, écarter néanmoins ses héritiers, il eût établi une distinction entre eux. C'est ce qu'il n'a pas fait : par la place donnée au mot ayant-cause, il les avait involontairement tous compris dans l'exception ; en le déplaçant, il les y a soustraits tous en bloc, et sciemment cette fois.

On ne saurait donc plus soutenir que dans la pensée du législateur les héritiers du donateur sont encore exceptés et qu'il faut les sous-entendre à la fin de notre article, puisqu'ils y figuraient d'abord expressément sous la qualification d'ayant-cause, et que l'article a été modifié précisément pour les en retirer. Malleville ne devait-il pas avoir cet incident présent à la mémoire, quand il insistait sur cette remarque : « que notre article parle des ayant-cause de ceux qui sont chargés de faire transcrire et non des ayant-cause du donateur, car c'est précisément en faveur de ces derniers que la nullité est prononcée faute de transcription ? »

Prétendra-t-on que le Code ayant supprimé la disposition finale de l'art. 27 de l'Ordonnance, rien ne serait plus facile au donateur que de s'engager par une clause expresse à faire faire la transcription et de ranger ainsi ses héritiers parmi les ayant-cause privés du droit d'attaquer la donation ? La réponse a été fournie depuis longtemps. La nullité de cette clause résulte virtuellement de la loi ; elle en est la conséquence et la sanction nécessaires. Est-ce que le défunt pourrait priver ses héritiers d'un droit qu'ils tiennent, non de lui, mais de la loi ? Il en est de ce droit comme de la réserve et de la faculté d'accepter sous bénéfice d'inventaire, qui l'une et l'autre échappent à toute atteinte et à toute prohibition. Le Code a en trois lignes enfermé, pour ainsi dire, toute l'essence des trois articles de l'Ordonnance ; sa disposition doit en avoir gardé toute l'énergie.

Ainsi la solution que je viens de soutenir se noue à la tradition historique. Elle me semble être celle de l'équité et de la justice,

donateur. Il faut évidemment suppléer la négation et lire : ne puissent. Sans cela, l'observation du Tribunat n'aurait aucun sens.

et je crois avoir prouvé qu'elle est celle de la loi. On refusait de déroger aux règles de la transmission successorale qui placent les héritiers dans la même situation que leur auteur, parce que le langage du législateur n'était pas assez clair, ni sa volonté assez certaine. On a maintenant cette certitude : il l'a dit et il l'a voulu.

Paris. — Impr. F. Pichon. — A. Cotillon et Cie, 37, rue des Feuillantines, et 24, rue Soufflot.